Meine Perfekte Familie

geschrieben von Alisha Burns   illustriert von Rebecca Mignone

Das ist Lucas.

Zu seiner Familie gehören eine Mama, ein Papa und eine neue kleine Schwester Allegra.

Lucas liebt es, auf den Spielplatz zu gehen und Allegra zu zeigen, wie hoch er Schaukeln kann.

Das ist Charlotte.

In ihrer Familie gibt es eine Mutti, eine Mami und einen großen Bruder, Teddy. Charlottes Mamas bekamen Hilfe von ihrem Freund und Spender James, um ihre Familie zu gründen.

Charlotte liebt es, im Wohnzimmer Festungen zu bauen. Sie gibt vor, die Festung sei eine Burg und sie müsse sie vor dem Drachen Teddy schützen.

Das ist Max.

Seine Familie besteht aus einer Mama und einem Papa, aber sie leben in verschiedenen Häusern.

**Max liebt beide Häuser und beide haben ein Trampolin.
Max liebt es, seiner Mama und seinem Papa zu zeigen,
wie hoch er springen und einen Salto machen kann.**

Das ist Sophia.

Sie lebt bei ihren Großeltern, die sie Nonna und Nonno nennt. Sophia hat eine wirklich große Familie mit vielen Tanten, Onkel und Cousins.

Sonntags kommen alle zu Sophia nach Hause und es gibt ein großes Familienessen. Es gibt immer reichlich Essen und viele leckere Desserts.

Das ist Sam.

In seiner Familie hat er einen Vater, einen Papa und eine dicke Katze namens Boris. Sams Papas haben ihre Familie mit der Hilfe einer besonderen Frau namens Leihmutter gegründet.

Sam und seine Papas haben ein Ferienhaus am Strand. Immer wenn sie in ihr Strandhaus gehen, nehmen sie Boris mit.

Das ist Eli.

Eli lebt mit seiner Mutter, seinem Stiefvater und seinem Stiefbruder zusammen. Thomas, Elis Vater, wohnt weit weg zusammen mit Elis Stiefmutter und seiner Halbschwester Jessica.

Eli liebt es, seinen Papa in den Ferien zu besuchen, weil er dann in ein Flugzeug steigen darf. Manchmal darf er den Flugbegleitern beim Verteilen von Süßigkeiten helfen und einmal hat er sogar den Piloten getroffen.

Das ist Alexandra.

In ihrer Familie hat sie ihre Mama, einen Hund namens Lumi und eine Katze namens Cleo. Ihre Mama hat ihre kleine Familie mit Hilfe eines Spenders gegründet.

Alexandra liebt es, mit ihrer Mama Tanzpartys zu veranstalten. Sie drehen ihre Lieblingslieder richtig laut auf und wirbeln gemeinsam über den Küchenboden.

Das ist Megan.

Sie lebt bei ihren Pflegeeltern Ashley und Jayden und ihren beiden Pflegebrüdern Simon und Trent. Außerdem haben sie zuhause ein Ersatzbett für alle anderen Kinder, die von Zeit zu Zeit bleiben müssen.

Am Freitagabend schaut Megans Familie gerne gemeinsamen einen Film. Sie haben Popcorn und Eis und machen es sich mit Decken und Kissen richtig gemütlich.

Das ist Niko.

In seiner Familie hat er eine Mutter, einen Vater und eine Zwillingsschwester Saki. Vor ein paar Jahren kam Nikos Großmutter auch zu ihnen.

Niko und Saki lieben es, wenn ihrer Großmutter ihnen Geschichten vorliest. Sie macht immer lustige Stimmen und spielt die die verschiedenen Charaktere.

Das ist Isabel.

**Ihre Mama ist nicht mehr bei ihnen.
In ihrer Familie gibt es also ihren Papa, ihren großen
Bruder Michael und ihre kleine Schwester Hayley.**

Isabel liebt es, ihrem Vater beim Kochen des Abendessens zu helfen. Am Wochenende zeigt sie Hayley, wie man Kekse und Kuchen backt, so wie es ihre Mutter früher gemacht hat.

Das ist Emily.

Sie lebt mit ihrer Mama, ihrem Papa, ihren drei Brüdern, Noah, Ben, und Adam und ihren zwei Schwestern, Matilda und Jane. Sie haben auch ein Kindermädchen Stacey, das sich tagsüber um die Kinder kümmert.

Alle Kinder haben so viel Spaß mit Stacey. Obwohl sie ihre eigene Familie hat, zu der sie abends nach Hause geht, betrachten sie sie auch als Teil ihrer Familie.

Das ist Harrison.

Er hat zwei Familien. Er lebt abwechselnd eine Woche bei seiner Mama, seinem Stiefpapa und Stiefbruder Hudson. In der nächsten Woche wohnt er dann bei seinem Papa, Stiefvater und seiner Adoptivschwester Zoe.

Harrison liebt seine beiden Familien. Das bedeutet, dass er zwei Schlafzimmer, zwei Fahrräder, zwei Geburtstagskuchen und doppelt so Weihnachtsgeschenke bekommt. Manchmal kommen alle zu einer großen Party zusammen.

Es gibt so viele verschiedene Möglichkeiten, eine Familie zu gründen.

Manche sind groß, manche sind klein, aber alle sind etwas Besonderes.

Alle Familien sind perfekt, so wie sie sind!

Wer sind all die besonderen Menschen, die deine perfekte Familie ausmachen?

Es könnten Eltern, Brüder, Schwestern, Großeltern, Tanten, Onkel, Freunde oder sogar eure Haustiere sein.

ÜBER DIE AUTORIN

Alisha wuchs in Neuseeland auf und zog 2015 nach Melbourne, Australien. Dank der Großzügigkeit eines Samenspenders konnte sie sich kurz vor ihrem 40. Geburtstag ihren Traum, Mutter zu werden, erfüllen. Sie hat dieses Buch als Hilfsmittel geschrieben, um das Bewusstsein für Familien zu schärfen, die mit Hilfe eines Spenders entstanden sind.

Sie hofft, dass dieses Buch nicht nur die mit der Empfängnis mit Hilfe eines Spenders verbundene Sprache normalisiert, sondern auch dazu beiträgt, dass sich ihre Tochter und andere von einem Spender gezeugte Kinder aufgrund ihres Familienkonstrukts nie anders fühlen, sondern in einer Welt leben, in der alle Familien als solche angesehen werden: einzigartig, schön und perfekt.

 myperfectfamilybook

ÜBER DIE ILLUSTRATORIN

Rebecca illustriert seit über fünf Jahren professionell und kreiert alles von Tierporträts, Logos, Einladungen Familienporträts, Kinderzimmer bis hin zu ihren geliebten Bilderbuchillustrationen für Kinder!

Wenn sie sich nicht gerade mit ihren Illustrationen beschäftigen kann, ist sie Mutter von drei Kindern und Kunstlehrerin für Kinder. Sie werden sie oft mit Farbe an ihre Ärmeln, Bastelkleber in ihren Haaren und einem Baby an ihrer Hüfte antreffen.

 rebecca.draws.things

www.myperfectfamilybook.com

Gewidmet meiner unglaublichen Tochter Alexandra ~ Du hast mehr Freude,
Leidenschaft, Neugier, Liebe und Sinn in mein Leben gebracht, als ich mir jemals
hätte vorstellen können. Du bist mein perfektes fehlendes Puzzleteil!
Vielen Dank auch an den großzügigen Spender, der mir das Schaffen meiner
kleinen perfekten Familie ermöglicht hat.

My Perfect Family first published in Australia in 2022.

Copyright © 2022 Alisha Burns.
Softcover (German translation): 978-0-6455401-3-0
Hardcover: 978-0-6455401-0-9
Softcover: 978-0-6455401-1-6
10 9 8 7 6 5 4 3 2 1
A catalogue record for this book is available from the National Library of Australia.

Illustrations by Rebecca Mignone ~ instagram.com/rebecca.draws.things
Graphic design and layout by Tess McCabe ~ tessmccabe.com.au

All rights reserved. No part of this book may be reproduced or transmitted in any form or by
any means, electronic or mechanical, including photocopying, recording, or by any information
storage and retrieval system, without written permission from the author.

Disclaimer: This is a work of fiction. Any resemblance to actual persons, living or dead, events
or locations, is coincidental. All contact details given in this book were current at the time of
publication, but are subject to change.

Printed in Poland
by Amazon Fulfillment
Poland Sp. z o.o., Wrocław

Es gibt so viele verschiedene Möglichkeiten, eine Familie zu gründen. Manche Familien sind groß und manche klein. Einige leben in verschiedenen Häusern, andere in verschiedenen Ländern. Einige entstanden durch die Verschmelzung zweier Familien, verschiedener Generationen oder mit Hilfe eines Spenders, einer Leihmutter oder durch Adoption.

Meine Perfekte Familie ist ein wunderschön illustriertes Buch, dass zeigt, das jede Familie perfekt ist, genau so wie sie ist!

myperfectfamilybook
www.myperfectfamilybook.com

ISBN 9780645540130

PART OF THE LITTLE SCIENTISTS SERIES

WHERE DO BABIES COME FROM?

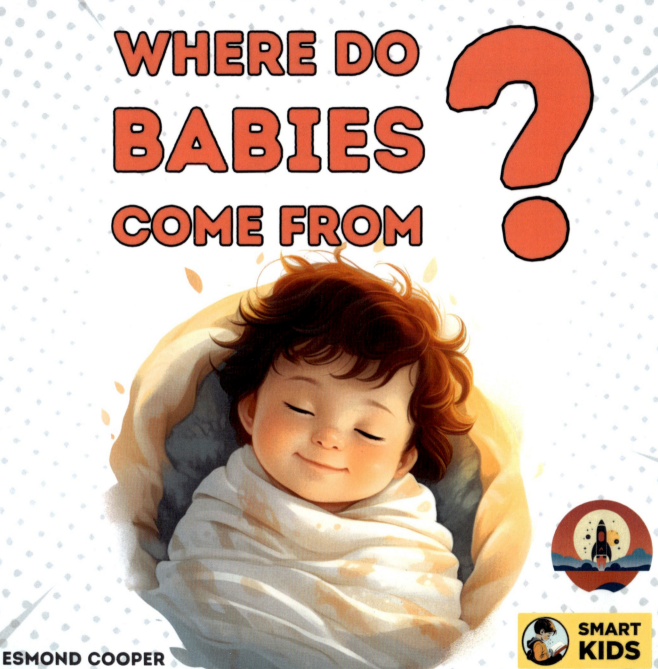

ESMOND COOPER